NOTICIAS DE ÚLTIMA HORA

Santiago García-Castañón nació en Avilés. Es licenciado en Filología Inglesa por la Universidad de Oviedo y doctor en Literatura Española por la Universidad de Illinois. Desde 1985 reside en los Estados Unidos, donde en la actualidad es catedrático de Literatura Española en Western Carolina University, y de cuyo Departamento de Lenguas Extranjeras fue director durante siete años. Historiador de la literatura, traductor, conferencista, intérprete judicial jurado, poeta y novelista, García-Castañón tiene publicados hasta el momento diecinueve libros. Su obra crítica se centra principalmente en autores no canónicos del Siglo de Oro.

Entre sus obras de creación literaria destacan los libros de poesía *Tiempos imperfectos* (1994), *Entre las sombras* (1996), *Lo que queda* (2002), *Rota memoria* (2006), *Las brasas de tu fuego* (2012), *Equis* (2013), *Las orillas de una mar incierta / The Shores of an Uncertain Sea* (2015), *Objetos desechables / Disposable Objects* (2017), *Una lejana luz* (2017) y *La vida es lo que pasa* (2018), así como las novelas *El castillo de los halcones* (2004), *Vida y fabulosas aventuras de Pedro Menéndez de Avilés* (2006) y *El coleccionista* (2018). García-Castañón ha dado numerosos recitales poéticos en más de una docena de países de cuatro continentes. Recientemente ha traducido los sonetos completos de John Milton al español.

Santiago García-Castañón

NOTICIAS DE ÚLTIMA HORA

ORPHEUS EDICIONES CLANDESTINAS

© Santiago García-Castañón

© 2023 DEL DISEÑO, COMPOSICIÓN Y EDICIÓN:

ORPHEUS EDICIONES CLANDESTINAS
Avilés, Asturias, España
editorial@orpheus.es
orpheus.es

ISBN: 978-84-196913-1-6
DEPÓSITO LEGAL: AS-0199-2023

Impreso por Podiprint
Impreso en España | Printed in Spain

Avilés, Principado de Asturias (España), 2023

Prefacio

Amable lector:

La poesía es uno de los pocos placeres solitarios que no llegan a la categoría de pecado. Es, al decir de Wordsworth, «el desbordamiento espontáneo de sentimientos poderosos: surge de las emociones recordadas en la tranquilidad». Pero no conviene olvidar, con Gabriel Celaya, que también puede ser «un arma cargada de futuro.» Es esto y mucho más.

Los poemas que he seleccionado para este libro fueron escritos en la tranquilidad de mi refugio en las montañas de Carolina del Norte, en las estribaciones de los Apalaches que tanto me recuerdan a mi Asturias natal, y donde alterno mi quehacer literario con la actividad académica, más rigurosa y exigente. Leer, escribir y enseñar están en mi ADN; son los pilares que sustentan mi existencia cotidiana.

Vivimos en una época de escrituras apresuradas y efímeras; es la era del *selfie* y los 280 caracteres de X. Este libro, al igual que mis *Objetos desechables* es una crónica de lo inmediato, del aquí y el ahora de un mundo siempre cambiante en el que las emociones y las noticias se marchitan casi antes de florecer. En todo caso, aquí te dejo estas *Noticias de última hora*, de las que yo soy parte y tú serás juez. Espero que halles en sus páginas algo que te conmueva, te sacuda la conciencia o haga aflorar una sonrisa en tu semblante.

Vale.

Viaje

Soy de una tierra lejana y misteriosa,
de un espacio en que el tiempo
llora lágrimas de orbayo cada día,
de un lugar donde el verde de los campos
hiere las miradas
y el rojo de los atardeceres
abre grietas profundas de nostalgia.
Soy de donde el aire entona melodías
al cruzarse con los hayedos,
del lugar milenario
donde todos los frutos de la tierra
se limitan a uno
y el mar embravecido
golpea con violencia los estratos
de un tiempo que no existe.
No fue fácil el viaje: tuve que atravesar
las sierras escarpadas del deseo,
los anegados valles de la memoria,
las aguas donde acechan voces que cautivan…
Pero el itinerario no fue en vano,
no fue inútil este peregrinar
porque vi amaneceres luminosos
como la sonrisa de los niños,
vi paisajes de asombro,
vi luces que me cegaron

solo con tocarlas con mis dedos.
Y ya son más de treinta años de ausencia,
treinta años luchando en esta guerra
contra mí mismo
en la que siempre caigo derrotado,
Y llego aquí,
con estas gélidas muestras de silencio,
con esta soledad que me persigue,
con esta piel rugosa y estas manos vacías
de las que a veces, sin embargo, brota
inexplicable y delirante
la palabra.

Préstamo

Le debo al arcipreste mi desvergüenza
y a Garcilaso los puntales
en que sustento mi arquitectura frágil;
Fray Luis me dio el gusto por las cosas sencillas
y Lope la afición por las noches en vela;
de don Francisco tomé una dosis de cinismo
y unas gotas de amargura,
y recibí del cordobés el legado
del insólito hipérbaton.
Más tarde, dando un salto,
la arrebaté a Gustavo
un fragmento —espero que pequeño—
de ternura.
De Antonio y de Miguel
me vinieron las palabras como cañones
y de Vicente como labios.
Federico y Rafael me dieron
el aderezo de la sal marinera
y de un Ángel me llegó la sobria austeridad
con que canto las cosas cotidianas.
Con esta arcilla que he recibido en préstamo
moldeo las palabras cada día.

Poema 20.1
(Con mis disculpas a Don Pablo por los destrozos)

Esta noche
no puedo escribir versos tristes
ni siquiera cuando me sumerjo en veintiún poemas
de Neftalí Reyes.
Y es que esta noche
las estrellas apenas son visibles,
lo astros no tiritan
y el viento parece que se ha quedado afónico.
Será tal vez porque yo no la quise
o acaso porque ella no me quiso a mí,
y si alguna vez la tuve entre mis brazos
fue a causa de un error imperdonable.
Creo que no llegué a besarla del todo
sino solo parcialmente bajo un cielo...
(y a quién le importa cómo estaba el cielo).
En este punto
un verso cae al suelo
y queda hecho unos zorros,
y aunque creo que no llegué a amar
aquellos ojos erráticos
sé que no la perdí porque nunca la tuve,
pero tanto el amor como el olvido
son muy cortos
y mi alma se contenta con lo que le den.

Sin embargo,
estos seguramente no serán
los últimos versos que le escribo
porque la deseo
por encima de mis posibilidades.

Aniversario

Los aniversarios son
como algunos parientes:
no se acuerdan de ti en todo el año
y luego vienen a verte
aunque no quieras.
Se quedan contigo un tiempo breve,
lo justo para recordarte
lo inconvenientes que pueden llegar a ser.
Luego, igual que vinieron,
hacen las maletas, se van
y no regresan
hasta el año siguiente.
Ay, qué jodidos son
estos incómodos parientes,
quiero decir,
estos aniversarios…

Placas tectónicas

Llegaron a estar unidos,
con sus entrañas hechas una sola;
su tierra era
una materia orgánica común
y la roca firmemente asentada
los hacía inseparables…
Hasta que un día
empezó a notarse en el subsuelo
un movimiento leve,
apenas un temblor,
y aquellas placas antes inamovibles
se fueron separando lentamente,
y surgió entre ellos un mar
y hubo un oleaje que los distanció.
Aquellos territorios antes unidos
hoy son dos continentes
lejanos, irreconocibles
y dicen que en ellos ahora se produce
una glaciación
que ha dejado extinta
toda señal de vida.

Desintoxicación

Te fuiste introduciendo en su sustancia,
llegaste a la adicción
mordisqueando parcelas de su piel
y la dosis fue en aumento,
ya casi ni comías, solo tratabas
de alimentar tu ansia desmedida
por las oquedades y las grietas de vértigo
donde solías perderte,
en una dimensión
a la que se llegaba por el éxtasis.
Una vez te pillaron
con un alijo de pasión
y admitiste tu culpa,
reconociste que era
para consumo propio y la pena fue leve,
pero ahora te falta su temperatura,
los 37 grados que te abrasan,
te falta ese cuerpo
hecho a imagen y semejanza del deseo
y por este motivo
la única opción aconsejable
es una intensa cura
de indiferencia.

El otro cuento

La vio mientras caminaba distraídamente;
al principio ni le prestó atención,
andaba él a sus cosas
pero de pronto surgió ella,
con ese vestido ajustado
y los *pumps* de 15 centímetros.
Se dirigía —o eso fue lo que le dijo—
a visitar a no sé qué pariente
y él, que era un canalla muy astuto,
se la llevó a casa
con sus mejores artimañas.
Tan pronto como entraron,
ella se despojó del chaquetón rojo de Prada
y posó sobre una cómoda
el bolso Louis Vuitton.
«Y ahora —dijo él— quítatelo todo,
que es la hora de la cena
y te voy a comer,
pero deja puestos los *jimmychoos*.»

Actividades de un dios menor

Pasó
cruzando espacios
y lanzando flechas azarosamente,
sin apuntar,
acá y allá,
y casi siempre erraba.
Hasta que un día,
tal vez sin pretenderlo,
ese pequeño dios artero y caprichoso
dio en el blanco.

Sueña

Desata el lazo de la sensatez,
rompe con la monotonía,
da un portazo en las narices
a las cosas cotidianas,
comete una locura;
sáltate los semáforos,
ríete de la vida con desvergüenza
en su propia cara
y lánzate al vacío de lo desconocido.
No te niegues el placer de la sorpresa,
deja de ir detrás del mundo,
cambia de dirección...
O por lo menos
cierra los ojos
y sueña.

Un cuerpo como un mar

Es un cuerpo como un golpe de mar,
igual que un oleaje
de movimiento ondulado,
envolvente y cadencioso.
Es un cuerpo para zambullirse,
para nadar por él
o dejarse llevar a la deriva,
para hundirse en su dimensión
más placentera y líquida,
para olvidar que existe el tiempo
y encallar en su escarpada orografía.
Es un cuerpo
para bogar eternamente
y nunca desear llegar a Ítaca.

Laura

Detrás del andamiaje que es la vida,
detrás del decorado, el cartón piedra...
detrás de la tramoya,
la artificial efímera verdad
que se nos muestra...
detrás del mundo absurdo
con sus imperfecciones,
y por encima de él,
alzándose en su vuelo poco a poco,
la veo transformarse,
crecer sobre sí misma
pero siempre con la sonrisa grácil.
Y digo Laura
y el eco me devuelve acordes armoniosos
cada vez que me lleno de su nombre.

Livingstone sin GPS

Era una piel color canela,
su tibieza me sobrecogía
y me perdí en sus pliegues
hasta que llegaron a serme conocidos.
Me sacié bebiendo el néctar
de sus fuentes,
recorriendo las grutas prohibidas del deseo,
escalando hasta cumbres inauditas
y hundiéndome en simas misteriosas
cubiertas de vegetación inexpugnable.
Y una vez reconocida la región,
traté de alejarme y hallar otros territorios,
pero aquí sigo, merodeando
sin poder salir de esa comarca.

El milagro de la vida

Trepaban por los muros
las amargas enredaderas de la soledad,
azotaban sus paños vientos invernales
y en los resquicios anidaban
especies animales de mirada mortífera.
Y de pronto,
surgiendo del aljibe de los sueños,
llegó con su calor
a deshacer las glaciaciones,
a derretir los gélidos monstruos del recuerdo.
Su sonrisa vino a iluminar los amaneceres
y cuando abría los ojos
salía el sol doblemente por el horizonte.
Con sus palabras ininteligibles
competía con el canto las alondras
y en su mirada inocente
vi reflejado el mundo entero.
Y entonces el invierno subrepticiamente
dejó de ser hostil, hasta tal punto
que llegó a confundirse
con la apacible tibia primavera.
Así fue como llegó la vida
con aquel cuerpo frágil, con aquellos
pies diminutos que todavía no sabían
dar los primeros pasos.

Llegó la vida trayéndome un regalo
que tal vez no merezco,
y en eso consistió, precisamente,
su milagro.

Interrogando a Don Francisco

Esa carcasa endeble en que te ocultas,
ese desvencijado ya soporte
que te sustenta a modo de andamiaje,
ese armazón que va sobreviviendo
—y tú con él— lo mismo que una especie
que ve cómo su mundo se derrumba,
cómo se vuelven débiles despojos
todos los viejos muros de la historia...
Ese inútil conjunto de materia,
esas células caprichosamente
ordenadas como si fueran cuerpo,
revestidas de la glacial corteza
que te permite abrir cada mañana
los ojos al asombro cotidiano...
Ese revestimiento que te cubre
y que sabe con tino rechazar
el tentador reclamo de Medusa,
eso que queda de lo que antes fuiste,
residuo que te lastra eternamente
mientras subes con tu pesada carga
por el monte escarpado de la vida...
Hoy te muestra que todo es fugitivo,
que solo de lo humano permanece
lo efímero, lo frágil, lo mudable...
Y miras a Quevedo cara a cara
en busca de respuestas a tu ruina.

Inagotable llama

Tal vez se apague el fuego,
podría ser que la llama se extinguiera
y que de aquel incendio solo quede ceniza;
hasta las brasas perderán su calor
y las pavesas enfriarán un día.
Pero yo te cincelé en el mármol durable,
labré con gran esmero tu imagen de vestal
y allí esculpí tu cuerpo y la memoria
donde por siempre habitas,
en la pureza blanca, imperturbable de la roca
para que el tiempo nunca
pueda desdibujarte la sonrisa.

La víspera del viaje

Así que mañana volarás,
te elevarás sobre las mezquindades de este mundo,
subirás hasta otra dimensión,
y yo, entretanto, me afanaré buscando palabras
que tengan algo de sentido.
Tal vez encuentre la expresión precisa,
el verbo exacto, el adjetivo imprescindible,
pero lo más probable
es que acabe como empecé, ordenando sílabas,
buscando sustantivos por cualquier lugar,
conjugando tiempos imperfectos…
Mañana volarás. Y yo,
que soy un animal terrestre y cotidiano,
me esforzaré delante de un papel,
sangraré tinta mientras cuento los días,
los minutos hostiles,
los perezosos segundos que se hacen
interminables cuando tú no estás.
Tú volarás, y yo aquí,
con tan solo un papel por compañía…

Peregrino en la región del éxtasis

Adentrándome en las grutas del deseo,
avanzando peligrosamente
por tu húmedo interior
donde se ocultan secretos milenarios,
allí donde se remonta la historia
y las edades son solo la abstracción de algún dios.
En ese territorio me impregno de tu aroma,
del fluido que brota
del tibio manantial en que me pierdo,
como si de repente cesaran
las leyes de la física,
como si nunca hubieran existido la manzana,
el jardín del Edén ni la serpiente.
Ahí mismo,
primitivos en nuestra desnudez,
desafiando normas,
incumpliendo preceptos,
transgrediendo las más elementales prohibiciones,
ahí es donde quiero quedarme,
unido a ti hasta que deje de existir
incluso el tiempo.

Ruinas

Fueron un día
soberbios edificios en que se miró el mundo,
pilares sólidos que sustentaron un imperio,
robustos mármoles consagrados a dioses,
anfiteatros, palacios, construcciones, templos,
capiteles ornados desde donde
se divisaban los confines del poder,
muestras todas de un pasado glorioso
que hoy puedes ver a tus pies,
yaciendo en la innoble compañía
de los contenedores de basura
y algunos animales callejeros,
rotos y desdeñados fragmentos de la historia
convertidos en residuos inútiles,
en inservibles ruinas,
piedras vencidas por la edad cansada
y arrumbadas acá y allá
sin ningún orden por el pavimento…
Si eso pasó con los mármoles augustos,
con los recios granitos,
con las piedras más nobles,
qué estragos no podrá el paso del tiempo
hacer en la fragilidad de ese armazón endeble,
de ese leve andamiaje
en que se apoya, tambaleante y fugaz,
el amor…

Y apareces en un vaso de sotol

Tu imagen se desvanece
en el álbum que tengo elaborado
y al ir pasando páginas
veo que tu rostro es apenas perceptible,
tu cuerpo llega a confundirse
con el fondo amarillento del papel
y tu contorno se va desdibujando.
Ya casi no eres reconocible en los poemas
que te escribí en los tiempos en que los continentes
aun no estaban bien formados,
pero a veces, solo a veces, cuando miro
a través de un vaso de sotol
tu imagen reaparece flotando,
vívida y persistente,
con tu cabello enredado en mis recuerdos.
Y entonces te reconozco
pero ya no eres mía
porque el futuro ya lo había escrito
José Alfredo.

Parábola de los talentos

Yo lo que quería
era saber bailar salsa y merengue,
impresionar a las chicas en las fiestas
y poseer el don de la locuacidad.
Lo que yo de verdad habría querido
era saber soltar con maestría
los broches de ciertas prendas femeninas,
hacer cuatro gracias
e impresionar a cualquier rubia o morena
(que en esto nunca hice distinciones).
Pero he aquí que un dios perverso y cruel
me dio una breve dosis de talento,
lo justo para ir dando tumbos
acá y allá, creando endecasílabos
a imagen y semejanza de la nada.
En eso consiste lo único
que me fue dado hacer. Y en ello sigo,
pertinaz y constante, sangrando
por la tinta que brota de mis venas,
haciendo uso
de ese talento inútil que es saber
colocar el acento en la sexta
a los endecasílabos.

Obrero del verbo

Todo lo que sé hacer es juntar letras,
hacer con ellas nombres, adjetivos,
vocablos que acaricien con su acento.
Lo que sé hacer es solo conjugar,
usar el andamiaje del idioma
para construir frases impecables,
formar sentencias que parezcan mías,
oraciones que digan que te amo
como si nunca lo hubiera dicho nadie.
Todo lo que sé hacer es levantar
castillos con los naipes del lenguaje,
amasar las palabras como el barro
y dar forma a esa arcilla cada día.
Porque soy un obrero dedicado
a caminar buscando el horizonte
por si es posible declinar tus labios,
hacer de tus cabellos concordancias
o dar a la sintaxis de tus ojos
un orden que no alberga la gramática.
Podría poseer saberes milenarios,
y sin embargo todo lo que sé hacer
se limita a un ejercicio torpe
con palabras que ordeno como enigmas
y mientras tanto se me evade el tiempo.
Y yo me quedo aquí con las palabras...

Vendrán días

Vendrán días como sobresaltos,
estruendosos y vanos y grotescos
anunciando su presencia con descaro,
sacudiendo tu calma y tus desvelos,
erosionando los estratos de tu fragilidad.
Habrá días que te envolverán en la sorpresa,
subrepticios retazos del asombro,
restos malditos de algún oscuro calendario;
llegarán de puntillas, sin hacerse notar,
deslizándose en silencio por las avenidas del recuerdo.
Vendrán días como torrentes,
minando tus principios,
anegando los valles en que te refugiaste,
llevándose a su paso los pilares
que sustentaban tus creencias más firmes
y dejarán desolada la memoria
golpeando con el estruendo de las noches
la baldía la región de tus miserias.
Vendrán días inidentificables,
anodinos espectros de sopor,
eriales en que reina el silencio,
días que irás llenando de sentido
con actos, con palabras, con caricias…
Vendrán días con su carga angustia,
con sueños que jamás se cumplirán
o con dosis de efímera alegría

que son el armazón de tu existencia.
Y dudarás y negarás tres veces
y cargarás tu cruz ladera arriba
y venderás tu alma a bajo precio
mientras persigues la fruta inalcanzable
navegando por mares de soledad,
y le darás la espalda a aquel que fuiste
con la ambición de ser el que deseas.

Los poemas que escribo

Los poemas que escribo
son semejantes a tu cuerpo,
tienen la misma estatura que tú tienes
y caminan moviéndose con la cadencia de tus pasos.
Mis poemas sonríen como tú
y tienen tus mismas curvas incitantes,
poseen el brillo de tus ojos
y saben, cuando los pruebo, justo como tus labios.
Mis poemas surgen de la nada
para eludir tu ausencia
y conjurar los presagios más amargos.
Los poemas que escribo
usan el mismo perfume que te pones
y desafían, como tú, el tiempo y el espacio.
Por eso escribo estos poemas,
para construirte en cada verbo
y hacerte aparecer
por obra y gracia del vocabulario.
Escribo mis poemas, como si fuera Dios,
para, después del sexto día,
descansar satisfecho por haberte creado.

Vuelta a casa

Regresas a las fuentes de la vida,
al origen de los tiempos,
al lugar que habitaste
y que hoy solo puebla la memoria.
Vuelves desandando tus pasos
al espacio milenario que dejaste
para viajar al norte;
vas en busca de la que fuiste un día
y la hallas reflejada en dos rostros juveniles
en donde aun puedes reconocer
a la niña que eras
cuando volabas por esos cielos prístinos
en busca de algún planeta para hacerlo tuyo.
Llegas hasta el principio de tu historia
y en el espacio atemporal que fue tu hogar
te reencuentras contigo,
aun inocente y pura,
en la serena paz de las barrancas.

Equipaje de mano para volver al norte

Te llevarás, cuando regreses,
los viejos rituales,
las melodías que escuchaste en tu infancia,
tendrás en tus pupilas el ocre de la tierra,
el azul de los cielos que mirabas de niña
y el verde hiriente de valles y barrancas.
Pero no estarás sola, irán contigo
quienes te precedieron,
un pueblo, un continente,
una nación rebelde y milenaria.
Llevarás siempre viva la memoria,
dos vidas que palpitan al ritmo de la tuya
y el rostro bonancible de una madre
que incluso en la distancia te acompaña.
Y sabrás que aunque el mundo sea inmenso,
mientras exista el tiempo,
mientras sigan girando los planetas,
esta será tu casa.

Lección de historia en Walmart

Los veo deslizarse sigilosamente por los pasillos de Wal-
mart,
avanzando al atardecer entre las estanterías.
Hubo un tiempo en que poseyeron la tierra
pero hoy su presencia es apenas bosquejo de una era feliz.
Hoy solo quedan fantasmas del pasado:
nombres, palabras tomadas de una lengua cadenciosa
para designar ríos, montes, valles...
los lugares donde un día hubo hombres libres,
mujeres sonrientes que corrían con los pies desnudos,
niños de hermosos ojos negros
y ancianos venerables de cabellos blancos.
Aquellos seres habitaban la tierra
y hablaban una lengua limpia,
respetaban la tierra y adoraban al sol
que daba las cosechas, y a la luna,
que aparecía en el cielo para permitir el descanso diario,
y cantaban a sus antepasados en las noches interminables
junto a las aguas transparentes del Oconaluftee.
Entonces llegó el Apocalipsis, el fin
del mundo en el paraíso, y aquellos hombres libres
fueron expulsados de sus montañas
y se les asignó una patria que no era la suya,
una tierra inhóspita y lejana
donde no moraban los espíritus de sus antepasados.
Y aquellas mujeres que corrían con los pies desnudos

fueron capturadas por tipos con acentos extraños,
y aquellos venerables ancianos de cabellos blancos
se fueron muriendo de tristeza,
y aquellos niños de hermosos ojos negros
se quedaron huérfanos poco a poco,
y aquellas tierras fértiles fueron ocupadas
por tipos apellidados Jones y Smith.
Y las estrellas de su cielo fueron atrapadas
para ponerlas en una bandera que les dijeron que era la suya
Hoy viven bien en una sociedad del primer mundo
que les permite moverse en camionetas
con las que cruzan el puente sobre el Oconaluftee
para entrar en el mundo civilizado,
donde pueden cómodamente hacer la compra en Walmart.

Emboscada

Saldrá a tu encuentro el lado tenebroso,
vendrá a buscarte y te atenazará,
pisará tus anhelos
te arrancará las ilusiones;
llegará arteramente, como un salteador
acribillando inmisericorde
con ráfagas de espanto tu sonrisa,
vendrá a deshacer aquello
en lo que siempre habías creído
y dejará a su paso la desolación,
la huella del dolor,
y el aroma inconfundible
con que suele anunciarse el sufrimiento.
De nada te valdrá
intentar eludir las sombras acechantes
ni buscar refugio contra la desazón,
porque al final, puntual a su cita,
siempre implacable
vendrá la vida.

Una ciudad del sur

Una ciudad del sur, una calle
festonada de vida,
hoteles que albergan sueños inconfesables
y ejecutivos de multinacionales europeas;
un *porcellino* observando impávido
el lento discurrir del tiempo,
unas muchachas caminando descuidadas
bajo aviesas miradas otoñales,
un músico que a veces desafina
y la patrulla policial
que se aproxima a un *homeless* desgreñado.
Un río que atraviesa la senda del olvido
y va labrando surcos a su paso
con lenta obstinación, desafiando
su propio cauce de piedra milenaria;
dos jóvenes que exploran la jungla del amor
y a lo lejos el sonido estridente
de una ambulancia
donde la muerte sobrevive agazapada.
Una tarde de julio,
única, irrepetible y sin embargo
igual que todas,
una ciudad del sur…

Palabras sueltas

Hoy que se cumple un plazo de tu vida,
hoy que avanzas resuelto y confiado
por el sendero que iniciaste un día
con apenas un paso tembloroso;
hoy que echarás de menos el abrazo
que te aguarda en lejanas geografías
desafiando océanos y espacios;
hoy que el mar no permite que te diga
todo lo que se agolpa en la vereda
de mi frágil memoria quebradiza…
Hoy es cuando te pido que sonrías
y camines erguido y no claudiques
y no des las batallas por perdidas.
Porque la vida, a veces despiadada,
saldrá a tu paso inesperadamente
a golpear tus sueños juveniles
con zarpazos de angustia y sufrimiento.
Habrá emboscadas siempre en el camino
y oscuros nubarrones inquietantes,
habrá noches de tedio y soledad
y dispondrás como único armamento
de tu sonrisa y tu corazón noble
para salir airoso del combate.

Así que hoy que sigues caminando,
creciendo ante este asombro que es la vida,
labrando tu futuro con tus manos,
tan solo te diré que seas un hombre
como el que siempre yo he querido ser,
como el que siempre supe que serías.

Pasa la vida

La luna llena, el mar,
un manto de nostalgia y de silencio,
la brisa de la noche,
una lejana luz, un faro junto al puerto,
sombras de amantes que se buscan
como si todo fuera un juego,
una mujer que sale de su precipicio
para ofrecer el saldo de su cuerpo,
unas muchachas demasiado jóvenes
buscando la quimera del amor eterno,
rostros anónimos que se desvanecen,
voces que apenas dejan ecos…
El tiempo va enrollándose en el huso
con hebras de misterio
mientras pasa ante ti todo lo que tuviste
y también lo que fuiste perdiendo.
Y te quedas allí observando la vida
y solo te acompañan los recuerdos.

Amanecer en Cullowhee

Abro los ojos cada mañana
y se muestra ante mí la tierra persistente,
única con sus imperfecciones,
cubierta por una piel rugosa,
con la aspereza de sus bosques
nunca hollados retando mis pupilas.
Abro los ojos al humus que se exhibe
con infinitos cromatismos verdes,
remedo de paisajes de mi infancia,
la tierra fértil que creó algún dios cherokee
de nombre impronunciable
para poner a prueba su poder.

Abro los ojos a esta tierra
lacerada por manos implacables,
herida en su belleza por la sucia
ambición del desarrollo,
mientras ella, apacible y generosa,
sigue dando sus frutos con prodigalidad,
respetando sumisa el ciclo estacional.
Abro los ojos esta mañana,
igual que cada día,
y me sorprende el espacio que habito,
la tierra que me fue dada en préstamo
mientras dure este breve sueño
que es la vida.

El mundo que creé

Construí un universo a tu medida,
con planetas que giran sigilosos
sobre el eje apacible de tu cuerpo.
Creé un mundo en el que solo cabes tú
hecha esmeradamente
a imagen y semejanza del deseo,
de un tamaño abarcable
con mis manos cada vez que te abrazo.
En el mundo que hice
había días de luz inusitada
y noches siempre propicias para el gozo.
Ese fue el mundo que creé para ti,
con la vegetación más deslumbrante
pero sin árboles del mal, sin frutas
prohibidas ni serpientes.
La única tentación
se hallaba justamente en tus caderas
y aunque siempre invitaban al pecado
todo lo perdonaba un dios benévolo.
Y aquí sigo, habitando en este mundo,
deambulando por este paraíso
en el que tú apareces cada vez
que viene a acariciarme la mañana.

Tras los pasos de Odiseo

Se embarcó en una nave con un destino incierto
sorteó temporales de olvido,
evitó las tormentas que surgen
cuando no hay más opción que la distancia,
y luego fue elevándose
hasta sobrevolar las emociones más lejanas.
Descubrió en el espacio cenital
que ni las nubes eran de algodón
ni los ángeles necesitan alas,
y entonces fue dejando atrás la vida
verso a verso, deshaciéndose
del lastre inútil de las sílabas, soltando
sus pertenencias con cada metáfora,
y al llegar a la altura de los sueños
le salió al paso mientras navegaba
la voraz gomia de la incomprensión,
oculta en el bajío
donde las naves siempre encallan.
Ítaca era el puerto
donde se sobreponía de cada naufragio
pero la singladura no era fácil

y siempre había el riesgo
de sucumbir a las sirenas que cantaban.
Por eso navega sin asegurarse
del rumbo, dejando que el gregal
lo lleve al puerto donde Penélope
solo teje y aguarda…

Lo que queda del verano

Hubo un tiempo en que el sol
daba luz y calor a manos llenas,
bronceaba los cuerpos
y hasta cargaba las pilas voltaicas del deseo.
Luego llegó el eclipse con sus incertidumbres,
con sus sombras y sus tribulaciones,
y ahora apenas
quedan rescoldos de lo que fue verano
y la luz fatigada quiere ocultar su asombro.
Pero ya no hay ni un lugar apacible
donde brote una fuente, donde
nos aguarden las ninfas que admiró Garcilaso
y ni hay versos que mitiguen la tristeza.
Ya ni siquiera quedan labios
accesibles para los mortales,
noches en que soñar sea preceptivo
desde que agosto se desvaneció.
Y ahora llega un interrogante,
apenas una voluta, un signo
bajo el que ocultas tus miserias y tus dudas.
Y sales sediento de vida
buscando en vano estanques con nenúfares
para ver si te encuentras con Rubén,
pero los parques yacen moribundos
y ya ni quedan cementerios
donde el verano yermo y malherido
pueda al fin terminar con su agonía.

Esperando la vida junto a Lowe's

Antes de que a su rostro llegue la brisa matutina,
antes de que el sol inicie su andadura perezosa,
se pone la chamarra con premura
para no llegar tarde
por si el patrón tiene a bien madrugar,
y sale de casa en la caja de una troca
mientras en la ciudad las sombras se van arrinconando.
El destino de su peregrinaje
estaba escrito desde el principio de los tiempos,
antes incluso de que hubiera fronteras:
nada quedó al azar.
Y cuando llega a Lowe's sus ojos tienen
el brillo de la melancolía,
y mira a todas partes
por si alguno de aquellos individuos
que pasa en un *Dodge Charger*
fuera acaso un agente de la migra.
Hoy espera desde el amanecer
y exhibe sin pudor su mercancía:
un par de brazos es todo lo que tiene,
mano de obra barata, disponible
para el patrón por unos pocos dólares.
Esas manos resecas y agrietadas
podrían contar historias de una frontera hostil,
escribir la crónica de un río
que divide una llanura inhóspita,

o dibujar el rostro de la muerte
que habita en Cuatrociénagas.
Pero ahora, mientras aguarda junto a Lowe's
nadie sabe lo que pasa por su mente,
tal vez piense en la madre anciana
que dejó en Piedras Negras,
o en el padre que apenas conoció
porque lo balearon una noche
en que se desataron todas las furias de la tierra.
Pero esta mañana, mientras espera junto a Lowe's,
Coahuila es un mundo inexistente
y solo importan los chamacos
y esa mujer que aguarda su regreso
llevando entre las manos resecas y agrietadas
el fuego de los dioses fruto de su trabajo.

Vivir

Vencer el tedio y la rutina a toda costa
y no quedarte nunca anclado en el asfalto,
evitar las tentaciones de lunes a viernes
y apostar a cualquier carta que la vida te dé
aunque no seas mano.
Desatar las pasiones, vivir
como si hoy fuera un día único,
gozar con los placeres cotidianos,
apurar el néctar dulce que la vida te ofrece,
y beber, cuando no hay otra opción,
su licor más amargo,
esquivar los arrecifes, los escollos,
y cuando aparezca una sirena
saborear sus besos trago a trago.
Tener en el bolsillo
un verbo irregular
para cuando se haga preciso conjugarlo,
escribir las batallas, las derrotas,
dejar en cada verso
la crónica de todos tus fracasos,
caminar, seguir con paso firme
aunque el viaje que has emprendido se haga largo,
y cuando la ruta se vuelva tortuosa
no permitir que nadie
te desvíe del itinerario.

Y sonreír,
porque siempre te queda la sonrisa;
y amar… amar hasta embriagarte
en el néctar que brota de unos labios.

Las palomas de Nueva York (tienen un problema de orientación)

Las palomas de Nueva York revolotean
buscando con desesperación
una rama de olivo.
Van por Queens apresuradamente
hasta que, exhaustas,
no les queda
más remedio que tomar el *cable car*
en Roosevelt Island.
Las palomas de Nueva York
se dirigen a Central Park
pero tampoco allí hay olivos,
porque toda la vegetación
debe ser previamente aprobada
por el departamento de planificación urbana.
Lo que hay en Central Park son tullidos,
tipos con grises barbas desgreñadas,
que pasaron la noche entre cartones
con la necesaria discreción
para no incomodar a los clientes del Plaza Hotel.
El problema es que las palomas de Nueva York
no tienen ge pe ese
y eso causa serios inconvenientes
porque van como locas por Madison Avenue
y cualquier día va a ocurrir un percance.

De vez en cuando las palomas
de Nueva York se posan ante un *food truck*
para tomar un refrigerio
y reponer fuerzas,
antes de seguir su vuelo alocado
buscando en vano una rama de olivo.
Definitivamente, las palomas de Nueva York
tienen un problema de orientación.

Ahmed cruzando el Hudson

Ahmed conduce un Toyota híbrido
y llega puntual a recoger a su cliente.
Ahmed viene de una tierra lejana;
salió de un pueblo
en el que se desataron
todas las furias de Marte
y hasta alguna vez
tuvo que protegerse de los bombardeos.
Ahmed está muy orgulloso de su nivel de inglés,
aunque a veces le resulta difícil
hacerse comprender,
pero no importa, porque en su trabajo
es conveniente ser parco en palabras.
Además, debe prestar atención a un laberinto
de calles y para eso lo mejor
es no distraerse en conversaciones banales
con los pasajeros.
Ahmed es diligente y servicial,
y ya ha aprendido a sortear los obstáculos,
si bien algunos verbos irregulares
aun se le resisten,
pero eso, en la ciudad que nunca duerme,
puede considerarse un detalle
de menor importancia.

Desde su adolescencia,
Ahmed había querido ir a La Meca
y con tenacidad
al final consiguió llegar
a Nueva York.

Ferragamos en el distrito financiero

Camina con seguridad por Bowling Green
esquivando a los turistas pertinaces
que se apiñan ante la estatua
de un toro enfurecido.
Pisa todo
cuanto se le pone por delante
con sus zapatos hechos —al igual que él—
de una piel especial.
Hubo un tiempo en que calzaba
cosas baratas,
zapatos sin pedigrí,
pero eso fue al principio de las edades,
porque al *Financial District*
no se puede ir con cualquier cosa.
Además, los Ferragamos
se saben el camino de memoria
y podrían llegar al NYSE con los ojos cerrados.
Así es como cada mañana,
de lunes a viernes, se cumple el ritual
y los Ferragamos cruzan
orgullosos Bowling Green
ignorando por completo
el Museo del Indio Americano,
que apenas tiene visitantes.
Pero este es un dato irrelevante
para la buena marcha del mercado de valores.

Tratado de semántica

Hay palabras que significan
lo que a ti te parezca.
Algunos verbos es como si dijeran algo
cuando, en realidad,
significan precisamente lo contrario.
Lo mismo ocurre
con los adjetivos como *eterno*,
que suele utilizarse para designar
todo aquello que es más bien efímero.
Y qué decir del adverbio
siempre...
Así que es conveniente
que algunas palabras no tengan
significado,
aunque solo sea para evitar
daños colaterales.

Historia del autobús escolar

En el bus escolar suceden muchas cosas.
Yo mismo podría contarles que a veces una niña
siente el dolor de la infamia, del oprobio,
y trata de permanecer callada
cuando un mozalbete descarado le dice:
"Tú te callas, mexicana, y vuelve a tu país".
Ella no le responde,
no porque quiera obedecerle
sino para evitar enfrentamientos.
Y ya en casa,
va a su cuarto en silencio y se pregunta:
«Por qué si nací aquí
y en mis venas hay sangre *cherokee*…»
Y es que esa niña
lo único que quiere es aprender
pero sube con temor al autobús
cada mañana, y a veces hasta
se le humedecen los ojos cuando lo ve,
grandullón y arrogante,
repitiendo lo que seguramente ha escuchado en casa
a un tipo que sale en la televisión todos los días.
Y yo podía escribir un poema
a los delicados pétalos de alguna flor exótica
o a las hermosas puestas de sol en los Apalaches,
pero hoy toca escribir sobre otro tema.

Hoy grito ¡Basta!, doy un puñetazo en la mesa,
y alzo mi voz junto con la suya,
para que siga llevando con orgullo
su apellido y el mío.

La moneda en la mano

Llegado al punto en que se inicia el viaje,
sigo aguardando que el barquero llegue,
la espera es larga, la bruma no permite
ver la otra orilla de este río gélido.
Y rememoro todo lo vivido,
veo el pasado circular ante mí:
rostros, cuerpos, espacios,
amaneceres luminosos,
noches glaciales, días irrepetibles,
labios cuyo sabor nunca se olvida,
pequeños triunfos que la vida nos regala,
y también las amargas
batallas que acabaron en derrota.
Todo pasa ante mí mientras aguardo
la llegada del último transporte.
Se aproxima la barca y yo ya tengo
preparada en mi mano la moneda.

Índice

Prefacio   7

Viaje   9
Préstamo   11
Poema 20.1   13
Aniversario   15
Placas tectónicas   16
Desintoxicación   17
El otro cuento   18
Actividades de un dios menor   19
Sueña   20
Un cuerpo como un mar   21
Laura   22
Livingstone sin GPS   23
El milagro de la vida   25
Interrogando a Don Francisco   27
Inagotable llama   28
La víspera del viaje   29
Peregrino en la región del éxtasis   30
Ruinas   31
Y apareces en un vaso de sotol   32
Parábola de los talentos   33
Obrero del verbo   34

Vendrán días   35
Los poemas que escribo   37
Vuelta a casa   38
Equipaje de mano para volver al norte   39
Lección de historia en Walmart   41
Emboscada   43
Una ciudad del sur   44
Palabras sueltas   45
Pasa la vida   47
Amanecer en Cullowhee   48
El mundo que creé   49
Tras los pasos de Odiseo   51
Lo que queda del verano   53
Esperando la vida junto a Lowe's   55
Vivir   57
Las palomas de Nueva York
(tienen un problema de orientación)   59
Ahmed cruzando el Hudson   61
Ferragamos en el distrito financiero   63
Tratado de semántica   64
Historia del autobús escolar   65
La moneda en la mano   67

THIS BOOK WAS COMPOSED ON DECEMBER 6, 2023,
ON THE FESTIVITY OF ST. NICHOLAS OF BARI, BORN IN PATARA, TURKEY,
IN THE 4TH CENTURY *a D.* A MEMBER OF A WEALTHY FAMILY, HE BECAME
AN ORPHAN IN HIS YOUTH, AND USED HIS INHERITED FORTUNE TO CARE
FOR THE SICK AND THE POOR.

ALSO BEING THE 365TH ANNIVERSARY
OF THE DEATH OF BALTASAR GRACIÁN.

The Day Will Come	112
The Poems I write	110
Going Back Home	109
Hand Luggage to Go Back to the North	108
History Lesson at Walmart	106
Ambush	104
A Southern Town	103
Loose Words	102
Life Passing By	100
Dawn in Cullowhee	99
The World I Created	98
Tracing the Steps of Odysseus	96
What Is Left of the Summer	94
Awaiting Life by Lowe's	92
To Live	90
The Doves of New York City (Have an Orientatio Problem)	88
Ahmed Crossing the Hudson River	86
Ferragamos in the Financial District	84
Treatise on Semantics	83
A School Book Story	82
The Coin in My Hand	80

Index

Prefacio   140

Journey   138
Loan   136
Poem 20.1   134
Anniversary   132
Tectonic Plates   131
Detox   130
The Other Fairy Tale   129
Activities of a Minor God   128
Dream   127
A Body Like a Sea   126
Laura   125
Livingstone without a GPS   124
The Miracle of Life   122
Questioning Don Francisco   120
Uperishable Flame   119
On the Journey's Eve   118
Pilgrim in the Region of Ecstasy   117
Ruins   116
And Then You Show Up in a Glass of Sotol   115
The Parable of the Talents   114
Wordsmith   113

The Coin in My Hand

The moment is come when the journey begins
and I keep awaiting the arrival of the boatman,
long is the standby, the mist does not
let you see the other side of this cold river.
And I remember everything I lived,
I see the past go by:
bodies, faces, locations,
luminous dawns,
freezing nights, unique days,
lips with a taste that one never forgets,
small triumphs that life at times grants us
and also the bitter
battles that ended in defeat.
Everything goes by while I wait
for the arrival of my last transportation.
The boat is coming, and I already have
the coin at the ready in my hand.

so I yell "Enough!" as I pound the table
and raise my voice alongside hers,
so she will keep bearing with pride
her name and mine.

A School Bus Story

A lot happens on the school bus.
I could even tell you that sometimes
a girl feels the pain of infamy and injury
and tries to stay quiet
when a shameless teenager tells her,
"Mexican, shut up and go back to your country."
She doesn't answer, not because she wants to comply,
but rather to avoid a confrontation.
Once she gets home,
she quietly goes to her room and asks herself
"Why, if I was born here,
and Cherokee blood runs through my veins?"
It so happens
that all that girl wants to do is learn
but she's scared to get on the school bus
in the mornings, and sometimes
her eyes are watery when she sees him,
burly and intimidating,
repeating what he must have heard at home
or from a guy who is on tv all the time.
And I could write a poem
to the delicate petals of some exotic flower
or to the beautiful sunsets in Appalachia,
but today the topic is a different one,

Treatise on Semantics

It's when you look for meaning that you get confused.
CHARLES BUKOWSKI

There are words that mean
whatever you want them to mean.
Some verbs seem to be saying something,
when in fact
they mean precisely the opposite.
Same thing happens with adjectives
like *everlasting*,
generally used to refer
to that which is short-lived.
And what to say of the adverb *always*…
So, it's appropriate
for some words
not to have a meaning,
if only to avoid
collateral damage.

Ferragamos in the Financial District

He walks decisively across Bowling Green Park
dodging obstinate tourists
who pile up around a statue
of an angry bull.
He steps on anything
that comes his way
with his shoes made —just like him—
of the finest hide.
There was a time when he used to wear cheap stuff,
shoes with no pedigree,
but that was before the beginning of the ages,
because you can't go to the Financial District
wearing just anything,
Plus the Ferragamos
know the route by memory
and could make it to the NYSE with their eyes closed.
That's how every morning,
Monday through Friday, the ritual is repeated
and the Ferragamos proudly
cross Bowling Green Park
totally ignoring
the Museum of the American Indian
which hardly has any visitors.
But this is an irrelevant piece of information
for a strong close of the stock market.

From the time he was a teenager
Ahmed wanted to go to Mecca
and with determination
he finally made it
to New York.

Ahmed Crossing the Hudson River

Ahmed drives a hybrid Toyota
and arrives to pick up his client at the agreed-upon time.
Ahmed comes from a distant land.
He left a village
in which all the furies of Mars
were unleashed,
and he even had
to protect himself during the air raids.
Ahmed is very proud of his level of English,
although occasionally he has trouble
making himself understood,
but it doesn't matter, because in his line of work
it's good not to be too talkative.
Plus, he's gotta pay attention to a labyrinth
of streets, and it's best
not to get distracted by trivial conversations
with the passengers.
Ahmed is diligent and gregarious
and has already learnt to dodge obstacles,
although some irregular verbs
still resist him,
but in the city that never sleeps
that can be considered
a rather trivial matter.

Once in a while, the doves of New York City
make a quick stop in front of a food truck
to have a snack and gain back their strength
before continuing their crazy flying
in search of an olive branch.
The doves of New York City definitely have
an orientation problem.

The Doves of New York City (Have an Orientation Problem)

The doves of New York City flutter around
desperately looking for
an olive branch.
They cross Queens at full speed
until they get exhausted
and have no choice
but to take the cable car
on Roosevelt Island.
The doves of New York City
head for Central Park
but they can't find olive trees there either,
because all the vegetation
must be previously approved
by the City Planning Department.
What Central Park has plenty of
is crippled dudes with grey disheveled beards,
who spent the night in cardboard boxes,
with the appropriate discretion
so as not to disturb the patrons of the Plaza Hotel.
The problem is that the doves of New York City
have no GPS
and that is troublesome
because they fly like crazy along Madison Avenue
and there is going to be an accident any day.

And to smile,
for you will always have your smile remaining,
and to love… to love until you get inebriated
with the nectar that comes fro her lips.

To Live

To defeat boredom and routine at all costs
and never remain stuck to the asphalt,
to avoid temptations Monday through Friday
and place a bet on any card that life deals you,
though you are not the first player.
To unleash passions, to live
as if today were the only day,
to enjoy every small daily pleasure,
to drink up the sweet nectar that life grants you
and to swallow, when you have no alternative,
its most sour concoction
to avoid the reefs, the sea storms
and when a siren sings
to gulp her kisses swig by swig.
To carry along in your pocket
an irregular verb
for the occasions when you have to conjugate it,
to write the battles, the defeats,
to leave in every verse
the chronicle of all your failures,
to walk, to keep going with firm steps
although the journey you've began may feel too long,
and when your path turns winding and uphill
not to allow anyone
to divert you from your established course.

or draw the portrait of death
that lives in Cuatrociénagas.
But now, while he's waiting by Lowe's
no one knows what's going through his mind;
maybe he's thinking of the old mother
he left behind in Piedras Negras,
or the father he hardly knew
because he was gunned down one night
when all the furies of the earth were unleashed.
It so happens that this morning while he's waiting by Lowe's,
Coahuila is a nonexistent world
and all that matters is the kids
and the woman standing by till he gets home
carrying in his chapped, dried-up hands
the fire of the gods that's the fruit of his labor.

Awaiting Life by Lowe's

Before the morning breeze touches his face,
before the sun begins its lazy journey,
he puts on his jacket hurriedly
so he won't be late
in case the *patrón* decides to show up early,
and he leaves his home in the bed of a pick-up truck
as the shadows get cornered in the city.
The destination of his pilgrimage
has been written since the beginning of time,
even before there were borders:
nothing was left to fate.
And when he arrives at Lowe's, his eyes have
the brightness of melancholy,
and he looks all around
in case one of those guys
driving a *Dodge Charger*
could possibly be a *migra* agent.
Today he has been waiting since dawn
and shamelessly exhibits his merchandise;
two strong arms is all he has,
cheap labor, available
to the *patrón* for just a few dollars.
Those dried-up chapped hands
could tell stories of a hostile border crossing,
or write the chronicle of a river
that divides an inhospitable plain,

What Is Left of the Summer

There was a time when the sun
would give its light and heat prodigally,
tan the bodies
and even charge the voltaic batteries of desire.
Then came the eclipse with its uncertainties,
its shadows and tribulations,
and now there are hardly
embers left of what once was summer
and the fatigued light seeks to hide its astonishment.
But there is no longer a peaceful place
where a fountain springs, where
the nymphs so admired by Garcilaso await us,
and there is not even a verse that can mitigate grief.
There are not even lips
accessible to mortals,
nights that make dreaming necessary
ever since August vanished.
And now comes the question,
merely a volute a brief sign
under which you hide your miseries and doubts.
And you go out hungry for life
vainly searching for ponds with water lilies
in an attempt to find Rubén,
but the ponds are dying
and there are no cemeteries left
where the barren and badly-wounded summer
may finally put its agony to rest.

and there was always the risk
of succumbing to the singing of the Sirens.
That's why he still sails unsure
of his course, allowing the easterly
to carry him to the safe port
where Penelope, always weaving,
awaits…

Tracing the Steps of Odysseus

He boarded a vessel with an uncertain destination,
tackled tempests of oblivion,
avoided the storms that come
when there is no other option but distance
and then gradually raised its course
until he flew over the most distant emotions.
In the zenithal space he discovered
that clouds are not made of cotton
nor do angels have need of wings,
and then he left life behind
verse by verse, ridding himself of the useless
ballast of counted syllables, dropping
his belongings with each metaphor,
and when he reached the level of his dreams
he got assaulted in the middle of his course
by the voracious monster of incomprehension
hidden in the reefs
where vessels always shipwreck.
Ithaca was the harbor
where he would recover after each failure
but sailing there was not easy

The World I Created

I built a universe shaped after her
with planets quietly rotating
around the peaceful axis of her body.
I created a world only fitting for her
carefully made
in the liking of desire,
of a size that is embraceable
with my hands, every time I hug her.
In this world I created
there were days with unusual light
and nights ever conducive to pleasure.
This was the world I created for her,
with the most exuberant vegetation,
but no tree of sin, no forbidden
fruits nor serpents.
The only existing temptation
could be found precisely in her hips
and although they always invited to sin,
a benevolent god would forgive it all.
And here I am, residing in this world,
roaming this earthly paradise
in which she appears every time
that the morning comes to caress me.

Dawn in Cullowhee

I open my eyes every morning
and the earth shows up persistently,
unique even with its imperfections
covered with a rugged skin,
with the harshness of the
never trodden thickets defying my pupils.
I open my eyes to the land that exhibits
endless shades of green
in imitation of my childhood's landscapes,
the fertile land created by some Cherokee god
with an unpronounceable name
just to prove his mighty power.

I open my eyes to this land
badly wounded by relentless hands,
its beauty scarred by the dirty
greed of development,
while she, peaceful and generous,
keeps giving us her fruit liberally,
humbly respecting the cycle of the seasons.
I open my eyes this morning,
just like I do every day
and I'm surprised by the space I dwell,
the land I was given as a loan
for the duration of this brief dream
we call life.

Life Passing By

A full moon, the ocean,
a veil of nostalgia and quietness,
the night's breeze,
a distant glitter, a lighthouse by the harbor,
the shadow of two lovers looking for each other
as if everything were but a game,
a woman who comes down from her precipice
to offer her body at a discounted price,
girls too young but already looking
for the illusion of eternal love,
anonymous faces vanishing,
voices that leave no echo behind them…
And time keeps winding up on the spindle
with its mysterious threads
while everything that was yours goes by
and also all that you lost.
And there you remain watching life happen
with your memories as your only company.

So, today as you keep walking,
growing on this astonishing journey that is life,
carving your future with your very hands,
I will just tell you, son, to be a man
like the one I always longed to be,
like the one I knew you'd be one day.

Loose Words

Today as your life completes another chapter,
today as you walk resolute and trusting
along the path that you began one day
with but a trembling step;
today when you will miss the embrace
awaiting you in a distant land
defying oceans and miles;
today when the sea won't allow me to tell you
everything that comes
to my frail and shaky memory...
Today is when I ask that you keep smiling
and walk upright and don't ever give up
or concede defeat in any battle.
Because life, which can at times be cruel,
will unexpectedly ambush you
and pound your youthful dreams
with hard blows of suffering and anguish.
There will always be traps along your path
and dark disturbing clouds,
there will be lonely and tedious nights
and for a weapon you will only have
your smiling face and noble heart
in order to be a victor in the fight.

A Southern Town

A southern town, a street
filled with life,
hotels where unmentionable dreams hide
and top executives from European corporations;
a *porcellino* watching indifferently
the slow passage of time,
young women walking leisurely
followed by autumnal glances,
a street musician who plays out of tune
and the police patrol
approaching a disheveled homeless man.
A river running through the path of oblivion
and carving crevices
with slow determination, defying
its very bed of ancient stone;
a young couple exploring the jungle of love
and in the distance the shrill sound
of an ambulance
where death resides in hiding.
An evening in July
unique, unrepeatable, yet
just like every other evening,
a southern town…

Ambush

The dark side will come to meet you,
looking for you, and it will grab you,
will trod your desires,
tear your dreams;
it will come treacherously, like a highway robber
mercilessly shooting down your smile
with bursts of horror,
it will come to undo all that
you had always believed
and it will leave behind desolation,
traces of pain,
and the unique smell
with which suffering announces its presence.
It will be useless
to try to elude the menacing shadows
or seek shelter against despair,
because in the end, punctual to the rendezvous,
always relentless,
will come life.

were trapped by men speaking with a foreign accent,
and those venerable elders with white hair
died of grief and sadness,
and those children with beautiful black eyes
gradually became orphans,
and those fertile lands were occupied
by men named Jones and Smith.
And the stars of their sky were captured
and put in a flag that they were told was theirs.
Today they reap the benefit of life in a free-market eco-
nomy,
that allows them to get around in pick-up trucks
to cross the bridge over the Oconaluftee
and enter the civilized world
where they can comfortably shop at Walmart.

History Lesson at Walmart

I see them quietly slipping through the aisles of Walmart
moving forward in the aisles at dusk.
There was a time they owned the land
but now their presence is the vague sketch of a happier
time.
Today there are only ghosts from the past:
names, words taken from a melodious language
to designate rivers, mountains, valleys...
places where there used to be free men,
smiling women running barefoot,
beautiful children with black eyes
and venerable elders with white hair.
Those people inhabited the land
and spoke a clean language,
respected the earth and adored the sun,
which gave them the crops, and the moon
which appeared in the sky to give the daily rest,
and they sang to their ancestors on the endless nights
by the transparent waters of the Oconaluftee.
Then came the apocalypse, the end
of the world in paradise, and those free men
were expelled from their mountains
and given a land that was not theirs,
an inhospitable and remote land
where the spirits of their ancestors did not reside.
And those women who used to run barefooted

Hand Luggage to Go Back to the North

When you go back you will take along
the ancient rituals,
the melodies you heard in your childhood,
you will have in your retina the ocre of the earth,
the deep blue of the skies you used to watch as a girl
and the bright green of the valleys and canyons.
But you won't go alone, you will be accompanied
by those who preceded you,
a people, a whole continent,
a rebellious and millennial nation.
You will have your memory ever intact,
two lives that beat at the same rhythm as yours
and the kind expression on the face of a mother
that is you companion even from a distance.
And you will know that though the world is vast,
as long as time exists
and as long as planets keep spinning
this will be home to you.

Going Back Home

You go back to the fountain of life,
to the origin of time,
to the place you dwelled
now only populated by memories.
You go back, retracing your steps,
to the millennial space you left behind
to travel north;
you are looking for the one you used to be
and find her reflected on two youthful faces
in which you can still recognize
the girl you once were
when you flew the pristine skies
seeking some planet to make it your own.
You arrive at the beginning of your history
and in that timeless dimension you called home
come to the encounter of yourself,
still innocent and pure,
in the serene tranquility of the ravines.

The Poems I write

The poems I write
resemble your body,
are as high as you are
and walk moving with the same cadence as your steps.
My poems smile just like you smile
and have the same enticing curves as yours,
they possess the brightness of your eyes
and when I try them, they taste as your lips do.
My poems come out of nothing
so as to elude your absence
and conjure the most bitter omens.
The poems I write
wear the same perfume you wear
and defy time and space, just like you do.
That's why I write these poems,
to create you in each verb
and draw you forth
by the grace of vocabulary.
I write these poems, as if I were God,
so after the sixth day,
I can finally rest pleased to have created you.

which are the frame of your existence.
And you will doubt and deny three times
and carry your own cross uphill
and sell your soul for a low price
while you chase the unreachable apple
sailing seas of loneliness,
and you will turn your back on who you were
with the ambition of becoming who you wish to be.

The Day Will Come

There will be days like shocks,
loud and vain and grotesque,
announcing their presence shamelessly,
shaking your peace and your dreams,
eroding the strata of your frailty.
There will be days engulfing you in surprise,
surreptitious fragments of astonishment,
cursed remains of some dark calendar;
they will arrive tiptoeing, unnoticed,
quietly slipping through the boulevards of desire.
They will come like torrents
undermining your principles,
flooding the valleys in which you took refuge,
taking along with them the pillars
that supported your most firm beliefs
and the memory will be left devastated
beating with the thunder of the nights
the barren land of your miseries.
There will come unidentifiable days,
tedious specters of boredom,
untilled soil where silence reigns,
days that you will try to make sense of
with actions, words, caresses…
Days will come loaded with anguish,
and with dreams you will never fulfill
or with doses of ephemeral joy

Wordsmith

All I can do is put letters together,
and make nouns, adjectives,
words that caress with their accentuation.
All I know how to do is conjugate,
use the scaffold of the language
to make impeccable phrases,
form sentences that appear to be mine,
syntactic structures that say I love you
as if nobody had ever said it before.
All I can do is build castles
with the cards of the language,
knead the words like clay
and shape that mixture on a daily basis.
For I am a wordsmith dedicated
to walking in search of the horizon
in case it were possible to decline your lips,
make the agreement with your hair
or give an order unrecognized by grammar
to the syntax of your eyes.
I may have ages-long knowledge
and notwithstanding, all I can do
is limited to a clumsy exercise
with words that I arrange like enigmas
and meanwhile time slips out of my hands.
And here I remain with nothing but words…

The Parable of the Talents

I just wanted to know
how to dance salsa and merengue,
impress the chicks at the parties
and possess the gift of sweet talking.
What I truly wanted
was to masterfully undo the clasps
of certain women's garments,
to be able to tell a few jokes
and impress the blondes or the brunettes
(I never made distinctions on these matters).
But it so happens that a perverse and cruel god
gave me a sparse dose of talent,
barely enough to get by
here and there, creating hendecasyllables
in the image and likeness of nothingness.
This is all
I was granted to do. And this I do still,
constant and tenacious, bleeding
through the ink that comes out of my veins,
making use
of the worthless talent that is knowing
how to place the accent on the sixth
of the hendecasyllables.

And Then You Show Up in a Glass of Sotol

Your image vanishes
from the album I put together
and as I flip the pages
I can notice that your face is barely visible,
your body gets mixed up
with the background of the yellowish paper
and your silhouette gradually fades away.
You are hardly recognizable in the poems
that I wrote you back then when the continents
were not yet completely shaped,
but sometimes, only sometimes,
when I look through a glass of sotol
your image reappears floating,
vivid and persistent,
with the locks of your hair entangled in my memories.
And then I recognize you
but you are no longer mine
because the future had already been written
by José Alfredo.

Ruins

They once were
imposing buildings that the world treasured,
solid pillars that supported an empire,
robust marble consecrated to the gods,
palaces, temples, amphitheaters,
ornate capitals from which
one could view the confines of power,
all showing a glorious past
that you can now see at your feet,
lying in the vulgar company
of garbage containers and stray dogs,
broken and neglected fragments of history
become useless residues,
worthless ruins,
slabs of stone vanquished by exhausted time
and scattered all over
the ground in complete disarray...
If such was the destiny of the illustrious marble,
the durable granite,
and the noble stone,
what damage can time do
to this weak and frail carcass,
this feeble scaffolding
that supports, trembling and fleeting,
love.

Pilgrim in the Region of Ecstasy

Getting into the deep grotto of desire,
advancing dangerously
through your moist interior
that hides timeless secrets,
where history goes back to its origins
and age is just some god's abstraction.
That's where I get filled with your scent,
the fluid springing
from the warm fountain in which I get lost,
as if all of a sudden
the laws of physics no longer apply,
as if the apple, the garden of Eden,
or the serpent had never existed.
Right there,
primitive in our nakedness,
defying rules,
breaking laws,
violating even the simplest prohibitions,
that's where I want to stay,
conjoined with you until time itself
has ceased to exist.

On the Journey's Eve

And so you'll fly tomorrow
you'll rise above the world's miseries
and climb to another dimension
while I try to find words
that make sense.
Maybe I'll find the right expression,
the exact verb, the necessary adjective,
but in all likelihood
I'll end up like I began, arranging syllables,
looking for nouns all over the place,
conjugating irregular tenses...
You'll fly tomorrow. And this
earthly and vulgar creature that I am
will try my best in front of a blank sheet of paper,
will bleed ink while counting the days,
the hostile minutes,
the lazy seconds that appear
to be endless when you are away.
You'll fly, and I'll be here
just keeping company with a blank sheet of paper...

Unperishable Flame

Maybe the fire will go out,
it could be that the flames are extinguished
and from that blaze there remain only ashes;
even the embers may lose their heat
and the cinders grow cold one day.
But I chiseled you in durable marble,
I carefully carved your vestal-like image
and sculpted your body and the memory
where you will forever reside,
in the white unshakeable purity of the rock
so that time may never
blur your smile.

Questioning Don Francisco

This feeble carcass where you hide,
this shattered bracket
that supports, as if it were a scaffold,
the frame that hardly survives,
and you along with it, like some kind of creature
that sees its world collapsing,
and how the sturdy walls of history
become but weak scattered ruins…
This useless mass of matter,
these cells capriciously
arranged as if they were a body,
covered with the frigid crust
that every morning allows you to open
your eyes to the daily astonishment…
This wrapping that engulfs you
and knows how to prudently reject
Medusa's tempting calls,
this which is left of what you were once
-a residue that is your constant ballast
as you try to climb with your heavy load
the steep mountain of life…
Today it proves that everything is fleeting,
and of human things there only remains
the ephemeral, the brittle and the changing.
And you look Quevedo in the eye
seeking in vain an answer to your ruin.

Life came bringing me a gift
that I may not deserve
and that's precisely what constitutes
a miracle.

The Miracle of Life

The bitter ivy of loneliness
was climbing up the walls,
the winter winds banged the bastions
and deadly-looking animal species
nested in its creases.
And suddenly,
emerging from the cistern of dreams
there came with its warmth
to melt the glaciations,
to thaw the gelid monsters of the past.
Her smile came to brighten the dawns
and when she opened her eyes
the sun came out twice on the horizon.
With her unintelligible words
she would compete with the singing of the larks
and I saw the whole world reflected
on her innocent face.
And then the winter surreptitiously
ceased to be hostile, to such an extent
that it came to blend
with the serene warm spring.
That is how life arrived,
with that frail body, with those
minute feet that hadn't yet learnt
to take their first steps.

Livingstone without a GPS

It was cinnamon-colored skin,
its warmth overcame me with emotion
and I got lost in its creases
until they became all too familiar.
I pleased myself drinking the nectar
of its fountains,
walking the forbidden paths of desire,
climbing the highest summits
and sinking deeply in mysterious caves
covered in impregnable vegetation.
And once the region had been explored,
I tried to go away and find other territories
but here I am, still roaming
unable to leave this fertile soil.

Laura

Behind the scaffolding of life,
behind its stage setting of *papier mâché*
behind the rigging,
the fake ephemeral truth
that appears before us...
behind this absurd world
with all its imperfections,
and above it
rising slowly on her flight,
I see her change,
grow into herself
but always showing her most gracious smile.
And I say Laura
and the echo sends back to me harmonious notes
every time I am filled with her name.

A Body Like a Sea

It's a body like a sea surge,
like a giant wave
with an oscillating, engulfing
rhythmic movement.
It's a body made to dive into,
swim through
or float adrift,
to sink into its most pleasurable
and liquid dimension,
or forget that time exists
and run aground in its rugged orography.
It's a body
to permanently sail
without ever even wanting
to reach the coast of Ithaca.

Dream

Loosen the knot of sanity,
break up with monotony,
slam the door in the face
of everyday chores,
do something crazy,
run the traffic lights,
laugh at life shamelessly
and jump into the emptiness of the unknown.
Don't deny yourself the pleasure
of being surprised,
stop trailing behind the world,
change courses…
Or at least
close your eyes
and dream.

Activities of a Minor God

He went by
crossing space
and shooting arrows randomly
without aiming,
left, right and center,
missing the target almost all the time.
Until one day,
maybe unintentionally,
that impulsive and fickle little god
finally hit the target.

The Other Fairy Tale

He saw her walking leisurely;
at first he didn't even notice her
as he was minding his business,
but then she appeared
wearing a tight dress
and those 6-inch pumps.
She was on her way to visit some relative
—or so she said—
and he, who was a sly and shameless bastard,
took her to his place
using the best tricks in his book.
As soon as they walked in,
she removed her Prada overcoat
and left her Louis Vuitton handbag
on a credenza.
"And now," he said, "take it all off,
'cause it's dinnertime
and I'm gonna eat you,
but you can leave on your *jimmychoos*."

Detox

You gradually entered her substance,
became addicted
by biting fragments of her skin
and the dose kept increasing,
you hardly ate anything, just tried
to feed your inordinate craving
in the hollow spaces and the crevices of vertigo
where you would lose yourself,
in a dimension
reached through ecstasy.
There was a time when you got caught
with a contraband of passion
and you pleaded guilty,
but argued that it was for your own use
and the sentence was lenient.
Now you miss her warmth,
those 97 degrees that inflame you,
you miss that body
created in the likeness of desire
and for that reason
the only viable option
is to undergo an intensive cure
of indifference.

Tectonic Plates

They once were conjoined,
with their guts blended as one,
their soil was
a common organic matter
and the firmly-settled rock
made them inseparable.
Until one day
the subsoil showed traces of a minor movement,
hardly a tremor,
and those still plates
began to shift slowly,
and there appeared between them a sea,
and there was a tide that pushed them apart.
Those lands once united
are today two separate continents
distant and unrecognizable,
and it is said that they are now going
through an ice age
which has left all traces of life
extinguished.

Anniversary

Anniversaries are
like some relatives:
they ignore you all year round
and then come see you
against your will.
They stay with you for a while,
just enough to remind you
how inconvenient they can be.
Then, just like they arrived,
they pack up and go
and don't come back
until next year.
What a pain in the ass
those inconvenient relatives are,
I mean,
those anniversaries…

Nevertheless,
these are probably not
the last verses I write to her
because I still desire her
well above my means.

Poem 20.1

(With my apologies to Pablo Neruda for the destruction)

Tonight
I can't write sad verses
even when I sink in twenty-one poems
by Neftalí Reyes.
It so happens that tonight
the stars are highly visible,
heavenly bodies don't twinkle,
and the wind seems to have lost its voice.
It could well be because I never loved her
or because it was her who didn't love me
and even if I once had her in my arms
it was all an unforgivable mistake.
I don't think I kissed her all the way
but just in part under a sky…
(and who cares what the sky looked like, anyway).
At this point
a verse falls off
and gets all soiled,
and although I don't think I really loved
those erratic eyes
I know I never lost her for she was never mine,
but love, as well as oblivion,
is rather short
and my soul is satisfied with whatever it gets.

Loan

I owe my shamelessness to the archpriest
and to Garcilaso the pillars that support
my frail architecture.
Fray Luis gave me a liking for simple things
and Lope my inclination for sleepless nights.
I took from don Francisco a dose of cynicism
and a few drops of bitterness,
and got from Góngora the legacy
of the shocking hyperbaton.
Later on, after a leap,
I snatched from Gustavo
a fragment —hopefully not too big—
of tenderness.
From Antonio and Miguel
came words like cannon
and from Vicente like lips.
Federico and Rafael gave me
the marinade of the sea salt
and from an Angel hailed the sober austerity
with which I sing common things.
It is with this clay I received as a loan
that I shape words on a daily basis.

And it has been an absence of over thirty years,
thirty years fighting this long battle
against myself
in which I always end up vanquished.
And here I come,
with these frigid samples of silence,
with this loneliness chasing me,
with this wrinkled skin and these empty hands
from which, nevertheless, at times
emerges, inexplicable and feverish,
the word.

Journey

I come from a distant and mysterious land,
a space in which time
weeps daily tears of drizzle,
a place where the bright green of meadows
hurts the eyes
and the red sunsets
carve deep crevices of nostalgia.
I am from the land where the breeze sings tunes
on contact with beech woods,
the ancient region
where all the fruits of the land
are but one
and the tempestuous sea
pounds violently on the strata
of a time that no longer exists.
The journey was not easy, I had to cross
the steep mountains of desire,
the flooded valleys of memory,
and the waters crowded with haunting voices…
but the itinerary was not in vain,
this pilgrimage was not worthless
because I saw dawns as bright
as the smile of children,
I saw astonishing landscapes,
lights that blinded me
just by touching them with my fingertips.

Prefacio

Kind Reader,

Poetry is one the a few solitary pleasures that do not rise to the level of sin. It is, as Wordsworth put it, "the spontaneous overflow of powerful feeling: it takes its origin from emotion recollected in tranquility". But let's not forget that it is also "a weapon loaded with future", in the words of Gabriel Celaya. This and much more.

The poems that I selected for this collection were written in the tranquility of my little hideaway in the mountains of North Carolina, on the slopes of Appalachia that remind me so much of my native Asturias, the place where I alternate my literary endeavors with the more rigorous and demanding academic duties. Reading, writing, and teaching all blend in my DNA —they are the pillars that support my daily life.

We live in a time of haste and short-lived writings, the age of the selfie and the 280 characters allowed on X. This book, like my previous *Disposable Objects*, is the chronicle of the immediacy, the here and now of a rapidly changing world, in which emotions and news become outdated before the ink is dry. In any event, I leave it up to you to be the judge of this *Breaking News*. It is my hope that you will find within its pages something that will move you, shake your conscience or just bring a benevolent smile to your face.

Vale.

© Santiago García-Castañón, xxxxx

© 2023 DESIGN, COMPOSITION AND EDITING:

ORPHEUS EDICIONES CLANDESTINAS
Avilés, Asturias, España
editorial@orpheus.es
orpheus.es

ISBN: 978-84-196913-1-6
DEPÓSITO LEGAL: AS-0199-2023

Printed by Podiprint

Printed in Spain

Avilés, Principado de Asturias (Spain), 2023

Santiago García-Castañón

BREAKING NEWS

ORPHEUS EDICIONES CLANDESTINAS

Santiago García-Castañón was born in Avilés, Spain. He holds the degree of Licenciado in English Philology from the Universidad de Oviedo (Spain) and a Master and Ph.D. in Spanish Literature from the University of Illinois (USA). He is currently Professor of Spanish Literature at Western Carolina University, where he also served as department head for seven years. He specializes in non-canonical literary texts to the Early Modern Spain and has produced several critical editions of previously unavailable texts. He is also a certified judicial interpreter, a novelist and an award-winning poet with nineteen books to his credit. García-Castañón has lectured extensively on various literary topics, from Golden Age literature, historiography and poetry to contemporary politics.

His creative writing books include eleven poetry collections, *Tiempos imperfectos* (1994), *Entre las sombras* (1996), *Lo que queda* (2002), *Rota memoria* (2006), *Las brasas de tu fuego* (2012), *Equis* (2013), *Las orillas de una mar incierta / The shores of an Uncertain Sea* (2015; bilingual), *Objetos desechables / Disposable Objects* (2017; bilingual), *Una lejana luz* (2017), *La vida es lo que pasa* (2018), and *Las huellas de Erató* (2018), and three novels, *El castillo de los halcones* (2004), *Vida y fabulosas aventuras de Pedro Menéndez de Avilés* (2006; Eng. transl. The Life and Fabulous Adventures of Pedro Menéndedez de Avilés, 2016), and *El coleccionista* (2018). He has given numerous poetry recitals in more than a dozen countries in four continents. Most recently he has translated John Milton's complete sonnets into Spanish verse.

BREAKING NEWS